AF313840

FRÉDÉRIC FEBVRE

SOCIÉTAIRE

Vice-Doyen de la Comédie-Française

CHEVALIER DE LA LÉGION D'HONNEUR

OFFICIER DE L'INSTRUCTION PUBLIQUE

Né à Paris, le 20 février 1833

PARIS

ALCIDE PICARD ET KAAN, ÉDITEURS

11, RUE SOUFFLOT, 11

FRÉDÉRIC FEBVRE

Sociétaire

Vice - Doyen de la Comédie - Française

FRÉDÉRIC FEBVRE
(D'après une photographie de Van Bosch.)

FRÉDÉRIC FEBVRE

SOCIÉTAIRE

Vice-Doyen de la Comédie-Française

CHEVALIER DE LA LÉGION D'HONNEUR

OFFICIER DE L'INSTRUCTION PUBLIQUE

Né à Paris, le 20 février 1833

PARIS

ALCIDE PICARD ET KAAN, ÉDITEURS

11, RUE SOUFFLOT, 11

LISTE

DES

AUTEURS INTERPRÉTÉS

A

ABOUT (Edmond)
AICARD (Jean)
ARAGO (Jacques)

ARNAULT
AUGIER (Émile)

B

BALZAC (DE)
BARBIER (Jules)
BARRIÈRE (Théodore)
BATTU (Léon)
BAYARD.
BEAUMARCHAIS (DE)
BEAUPLAN (Amédé DE)

BECQUE (Henry)
BELOT (Adolphe)
BOUCHARDY (Joseph)
BOUILHET (Louis)
BOURGEOIS (Anicet)
BRAVARD (Raoul)

C

CABOT
CADOL (Édouard)
CAPENDU (Ernest)
CARRÉ (Michel)

CLAIRVILLE
COGNIARD (Frères)
CORNEILLE
COURCY (Charles DE)

D

DANCOURT
DECOURCELLE (Adrien)
DELACOUR
DELAVIGNE (Casimir)
D'ENNERY (Adolphe)
DESLANDES (Raymond)
DESVIGNES (Maurice)

DIDIER (Édouard)
DUBREUIL (Ernest)
DUMAGNIAN
DUMAS (Père)
DUMAS (Fils)
DUPEUTY

E

ÉTIENNE

F

FEUILLET (Octave)
FÉVAL (Paul)
FEYDEAU (Ernest)

FOURNIER (Édouard)
FOURNIER (Marc)

G

GANDERAX (Louis)
GIRARDIN (Émile DE)

GONDINET (Edmond)

H

HALÉVY (Léon)
HALÉVY (Ludovic)

HUGO (Victor)

J

JUDICIS (Louis)

JUILLERAT (Paul)

K

Kock (Henry de)

L

Laluye
Langlé (Aylie)
Latour de Saint-Ybars
Legouvé (Ernest)

Lemaitre (Jules)
Lemoine
Lockroy

M

Mangin
Maquet (Auguste)
Marivaux
Martin (Édouard)
Meilhac (Henry)
Meurice (Paul)

Moineau (Jules)
Molière
Monnier (Marc)
Moreau
Musset (Alfred de)

N

Najac (Émile de)

P

Pailleron (Édouard)
Pixérécourt (de)

Ponsard

R

Renan (Léon)
Revel (Max de)
Richard (Georges)

Rivière (le Command')
Robert (Adrien)

S

SANDEAU (Jules)
SCHOLL (Aurélien)
SCRIBE (Eugène)
SECOND (Albéric)

SEDAINE
SÉJOUR (Victor)
SIRAUDIN
SUPERSAC (Léon)

T

THÉAULON
THEURIET (André)

THIBOUST (Lambert)

V - W

VILLETARD (Edmond)

WOLFF (Albert)

94 Auteurs

Théâtre du Havre

Engagement d'un an

Pour les 2ᵉ et 3ᵉ amoureux dans les tragédies, comédies, mélodrames, vaudevilles, etc., et au besoin, dans l'opéra-comique, les rôles dans sa voix.

110 francs par mois

Du 1ᵉʳ mai 1850 au 30 avril 1851

Directeur :

WERMELEN

Ancien ténor qui s'est poignardé

☣☣☣

Avant de partir pour Le Havre, 6 mois à courir de Montparnasse à Belleville, Saint-Marcel, Grenelle, etc.

Engagé chez Maillard le correspondant, frère du compositeur, à qui j'avais caché mon âge en lui donnant un répertoire fictif,

110 FR. PAR MOIS

qu'on touchait difficilement. On apprenait la nuit, copiant les rôles soi-même.

☣☣☣

Joué avec les artistes de Paris venus en représentation au Havre tout leur répertoire — plus de 150 rôles — avec :

MM.

FRÉDÉRICK LEMAITRE
LAFERRIÈRE
BOUFFÉ
GEOFFROY
GRASSOT

MM.

HYACINTE
LEVASSOR
CHILLY
SAINT-ERNEST
MONTALAND PÈRE

Mmes

DÉJAZET
FLORE
PERSON

Mmes

GUYON
MONTALAND

Dans la troupe de cette année :

les jeunes premiers de Comédie,   GARRAUD
les jeunes premiers de Drame,   DUMAINE
les deuxièmes et troisièmes amoureux, FEBVRE

Théâtre de l'Ambigu

Engagement du 1ᵉʳ octobre 1851
au 30 avril 1853

80 francs par mois les deux premières années
et 1,000 francs pour la troisième

L'engagement porte :
« Assisté de son père, qui a signé avec lui »

Direction :

VERNER DE CHILLY

Saint-Ernest, Arnault
Mᵐᵉ Guyon et Mᵐᵉ Arnault (Naptal)

Résilié à l'amiable le 27 juillet 1852

DÉBUT :

Du côté de la barbe est la toute-puissance
Vaudeville en 2 actes

JUDICIS et X.

Rôle de *Georges*.

⁂

La Peau de Chagrin
Drame en 5 actes

Tiré de Balzac, JUDICIS.

Rôle de *M. de Rancy*.

⁂

Sarah la Créole
Drame en 5 actes

JAIME et A. DE COURCELLE.

Rôle d'*un clerc de notaire* (13 mars 1852).

⁂

Le Capitaine Croquemitaine
Drame en 5 actes

MAX DE REVEL.

Rôle de *Henry*.

⁂

Le Vampire
Drame en 5 actes et 12 tableaux

A. DUMAS.

Rôle d'*un voyageur* (29 décembre 1851).

⁂

Les Pâques Véronaises
Drame en 4 actes

ARNAULT et JUDICIS.

Rôle du *Commandant Horace* (6 avril 1852).

Marthe et Marie

Drame en 5 actes et 7 tableaux

ANICET BOURGEOIS et D'ENNERY.

Rôle d'*un officier*.

Le Mémorial de Sainte-Hélène

Drame en 5 actes et 8 tableaux

MICHEL CARRÉ et JULES BARBIER

Rôle de *Wignard* (22 avril 1852).

Gaspardo le Pêcheur

Drame en 5 actes

BOUCHARDY.

Rôle du *Commandant Francesco*.

Récapitulation

Créé . . .	8 Rôles	41 Actes
Repris. . .	1 Rôle	27 Tableaux
9 Rôles	68 Actes	

Théâtre Beaumarchais

Engagement de trois ans

80 *francs la première année,* 100 *francs la deuxième*
et la troisième une représentation à mon bénéfice

Du 1ᵉʳ septembre 1852 au 31 mai 1855

Directeur :

A. GASPARI

Résilié à l'amiable pour entrer à la Porte-Saint-Martin.

DÉBUT :

Paul d'Arthenay

Drame en 4 actes

Rôle de *M. de Flamarens*   ADRIEN ROBERT.

Le Blokauss de Norwalk

Drame en 4 actes

Rôle de *Sir Henry.*   ADRIEN ROBERT.

Le Mauvais Gas

Drame en 5 actes

Rôle de *Marcel* (12 novembre 1853).   H. DE KOCK.

L'Enfant du Boulevard

Drame en 5 actes

Rôle de *Henri.*   H. DE KOCK.

Les Femmes Paresseuses

Vaudeville en 2 actes

Rôle de *Karl.*   H. DE KOCK.

Ali Baba

Féerie en 3 actes et 6 tableaux

Rôle de *Satan.*   DUBREUIL.

Un Duel à Trois

Comédie en 1 acte

DUBREUIL.

Rôle du *Chevalier*.

André le Sculpteur

Drame en 3 actes

DUBREUIL.

Rôle d'*André*.

La Fauvette de la Place Royale

Drame-vaudeville en 3 actes

MANGIN.

Rôle de *Gaston*.

Pauvre Bastien

Drame-vaudeville en 3 actes

MANGIN.

Rôle de *Georges*.

Le Sergent de la 42^c Demi-Brigade

Drame en 5 actes

JACQUES ARAGO.

Rôle de *Pinto*.

André le Mineur

Drame en 5 actes

MANGIN.

Rôle d'*André*.

Le Père de la Débutante

Vaudeville en 5 actes

Avec le frère de Duprez.   THÉAULON et BAYARD.
Rôle du *Baron Ernest*.

Récapitulation

Créé . . .	12 Rôles	48 Actes
Repris. . .	1 Rôle	6 Tableaux
	13 Rôles	54 Actes

Théâtre de la Porte-St-Martin

(ANCIEN THÉATRE)

ENGAGEMENT DE DEUX ANS

1,200 francs

*Une représentation à mon bénéfice, pour m'acheter
un remplaçant, a été donnée*

DU Ier FÉVRIER 1854 AU 30 JANVIER 1856

DIRECTEUR :

MARC FOURNIER

Leçons de diction et d'articulation, payées par l'administration
et données par ARISTIDE
Ces leçons étaient obligatoires

Résilié à l'amiable pour entrer à la Gaîté.

DÉBUT :

La Jeunesse des Mousquetaires

Drame en 5 actes et 12 tableaux

Avec Mélingue
Rôle de *Georges*.

A. DUMAS.

La Vie d'une Comédienne

Drame en 5 actes et 8 tableaux

Rôle de *Brionne*

A. BOURGEOIS.

Schamyl

Drame en 5 actes et 12 tableaux

Avec Mélingue.
Rôle de *Zarif*; repris *Addila*.

P. MEURICE.

Les Nuits de la Seine

Drame en 5 actes et 10 tableaux

Rôle de *Lucien*.

MARC FOURNIER.

Les Noces Vénitiennes

Drame en 5 actes

Avec Ligier.
Rôle de *Fabiano* (8 mars 1855).

V. SÉJOUR.

Le Gamin de Paris

Comédie - vaudeville en 2 actes

Avec Bouffé.
Rôle d'*Amédée*.

DUMANOIR.

Pauvre Jacques

Comédie en 1 acte

COGNIARD FRÈRES.

Avec Bouffé.
Rôle de *Marcel*

L'Honneur de la Maison

Drame en 5 actes

MAURICE DESVIGNES et LÉON BATTU

Rôle de *Paul de Chennevières.*

Le Comte de Laverine

Drame en 5 actes

A. MAQUET

Rôle d'*Amaury.*
Repris *le comte de Laverine.*

Récapitulation

Créé . . .	4 Rôles	38 Actes
Repris. . .	8 Rôles	42 Tableaux
	12 Rôles	80 Actes

Théâtre de la Gaîté

(Ancien Boulevard du Temple)

ENGAGEMENT DE DEUX ANS

1,800 francs et 1,800 francs

DU 1er JUILLET 1855 AU 1er JUILLET 1857

DIRECTEUR :

H. HOSTEIN

Résilié à l'amiable en mai 1857

DÉBUT :

Les Gueux de Béranger

Drame en 5 actes

DUPEUTY et J. MOINAUX.

Rôle d'*Olivier* (29 août 1855).

La Grâce de Dieu

Drame en 5 actes

D'ENNERY et LEMOINE.

Rôle d'*Arthur*.

Le Chien de Montargis

Mélodrame en 3 actes

PIXÉRÉCOURT.

Rôle d'*Aubry de Montdidier*.

L'École des Familles

Comédie en 5 actes

X...

Avec Chotel.
Rôle de *Georges*.

Lazare le Pâtre

Drame en 5 actes

BOUCHARDY.

Avec Mélingue.
Rôle de *Sylvio*.

Le Médecin des Enfants

Drame en 5 actes

Avec Laferrière.   ANICET BOURGEOIS et D'ENNERY.
Rôle de *Frédéric* (25 octobre 1855).

Le Courrier de Lyon

Drame en 5 actes

Avec Paulin Ménier.   MOREAU, SIRAUDIN et DELACOUR.
Rôle de *Didier*.

Le Juif-Errant

Drame en 5 actes et 12 tableaux

D'ENNERY.

Rôle d'*Agricol*.

Les Zouaves

Drame en 5 actes

ARNAULT et JUDICIS.

Rôle du *Prince Mikaël* (18 septembre 1856).

Henri III et sa Cour

Drame en 5 actes

Avec Frédérick Lemaître, Laferrière, Mme Arnault.   DUMAS.
Rôle de d'*Épernon*.

Le Sonneur de Saint-Paul

Drame en 5 actes

Avec Frédérick Lemaître.   BOUCHARDY.
Rôle de *Lord Henry*.

Mon Ami l'Habit Vert

Vaudeville en 1 acte

CH. CABOT.

Rôle d'*Horace*.

Les Aventures de Mandrin

Drame en 5 actes et 7 tableaux

JUDICIS et ARNAULT.

Rôle du *Capitaine de Simiane* (9 mai 1855).

Les Sept Châteaux du Diable

Féerie en 5 actes et 11 tableaux

D'ENNERY et CLAIRVILLE.

Rôle de *Raymond*.

Les Cosaques

Drame en 5 actes

JUDICIS et ARNAULT.

Repris le rôle de *Maurice*.

Récapitulation

Créé . . .	6 Rôles	69 Actes
Repris. . .	9 Rôles	31 Tableaux
	15 Rôles	100 Actes

Théâtre de l'Odéon

✼✼✼✼✼

Engagement 1er septembre 1857

200 *fr. par mois la première année*, **250** *fr. la deuxième*
300 *fr. la troisième et* **500** *fr. la quatrième*

Début 11 décembre 1857

Durée 4 ans

1re Direction : FECHTER, LA ROUNAT
2e Direction : LA ROUNAT, TISSERANT

Devait faire cinq ans
Résilié à l'amiable pour entrer au Vaudeville

Ire Année

Une Femme Heureuse

Comédie en 1 acte

Rôle de *Lionel* (16 mai 1857).   L. SUPERSAC.

Le Rocher de Sisyphe

Drame en 5 actes

Avec Fechter.   E. DIDIER.
Rôle d'*Olivier Sèchard* (11 décembre 1857).

La Mouche du Coche

Comédie en 1 acte

Rôle de *Silvio Léopardi* (6 octobre 1858).   MARC. MONNIER.

Ce que Fille veut

Comédie en 1 acte, en vers

Rôle de *Delval* (27 octobre 1858).   LÉON HALÉVY.

Les Grands Vassaux

Drame en 5 actes

Avec Ligier.   VICTOR SÉJOUR.
Rôle du *Duc de Nemours* (16 février 1859).

Le Droit Chemin

Comédie en 5 actes, en vers

          LATOUR SAINT-YBARS.

Rôle de *Bounet* (28 mars 1859).

Le Poéme de Claude

Comédie en 2 actes, en vers
LALUYE.

Rôle d'*Octave* (14 avril 1859).

Le Testament de César Girodot

Comédie en 3 actes
BELOT et VILLETARD.

Rôle de *Célestin Girodot* (30 septembre 1859).

2ᵉ ET 3ᵉ ANNÉES

La Fête de Molière

Comédie en 1 acte, en vers
MARTIN.

Rôle de *Molière* (15 janvier 1860).

Les Équipées de Sténio

Comédie en 2 actes, en vers
JUILLERAT.

Rôle de *Sténio* (15 janvier 1860).

Un Parvenu

Comédie en 5 actes, en vers
BOUILHET.

Rôle de *Dupuis*. (1ᵉʳ mars 1860.)

Daniel Lambert

Drame en 5 actes
CH. DE COURCY.

Avec Laferrière.
Rôle du *Baron Hartmann*. (13 avril 1860.)

L'Oncle Million

Comédie en 5 actes, en vers

Rôle du *notaire Gaudrier* (6 décembre 1860).

BOUILHET.

3ᵉ ET 4ᵉ ANNÉES

Les Frelons

Comédie en 5 actes

Rôle de *Léon Chastel* (21 janvier 1861).

CAPENDU.

Jaloux du Passé

Comédie en 1 acte

Rôle de *Géréone* (23 mars 1861).

A. SCHOLL.

Béatrix ou la Madone de l'Art

Drame en 5 actes

Avec La Ristori.

Rôle du *Comte Oldenbourg* (25 mars 1861).

LEGOUVÉ.

CRÉÉ EN REPRÉSENTATION A L' « AMBIGU »

La Maison du Pont-Notre-Dame

Drame en 5 actes et 6 tableaux

BARRIÈRE et DE KOCK.

Rôle de *Piccolet* (22 septembre 1860).

Elle est folle

Comédie en 2 actes

Rôle de *Maxwell.*   X.

Antony

Drame en 5 actes

Rôle du *Poète.*   A. DUMAS.

RÉPERTOIRE CLASSIQUE

—

Tartuffe

Comédie en 5 actes

Avec Fechter et Mme Thierret.   MOLIÈRE.
Rôle de *Damis* (3 octobre 1857).

Les Fourberies de Scapin

Comédie en 3 actes

Rôle de *Léandre* (10 octobre 1857).   MOLIÈRE.

Les Folies amoureuses

Comédie en 3 actes

Rôle d'*Éraste* (17 octobre 1857).   REGNARD.

Le Philosophe sans le savoir
Comédie en 5 actes

Rôle de *Vanderke fils* (6 décembre 1857).

SEDAINE.

Bruis et Palaprat
Comédie en 1 acte, en vers

Rôle de *Bruis* (11 décembre 1857).

ÉTIENNE.

Le Chevalier à la Mode
Comédie en 5 actes

Rôle du *Chevalier* (21 février 1858).

DANCOURT.

Le Barbier de Séville
Comédie en 4 actes

Rôle d'*Almaviva* (4 avril 1858).

BEAUMARCHAIS.

Le Malade imaginaire
Comédie en 3 actes

Rôle de *Cléante* (5 décembre 1858).

MOLIÈRE.

Le Dépit Amoureux
Comédie en 2 actes, en vers

Rôles d'*Éraste* et de *Valère* (en 1858).

MOLIÈRE.

Guerre ouverte
Comédie en 3 actes

Rôle du *Marquis Dorsan* (en 1859).

DUMAGNIAN.

L'École des Femmes

Comédie en 5 actes, en vers

MOLIÈRE.

Rôle d'*Horace* (26 février 1859).

Le Menteur

Comédie en 5 actes, en vers

CORNEILLE.

Rôle de *Dorante* (10 septembre 1859).

La Gageure Imprévue

Comédie en 1 acte

SEDAINE.

Rôle de *Détieulette* (4 mars 1860).

Récapitulation

Créé. . .   17 Rôles nouveaux
Repris. .   2 Rôles
Joué. . .   13 Rôles du Répertoire
____

32 Rôles   109 Actes
                  6 Tableaux
____

115 Actes

Théâtre du Vaudeville

(Place de la Bourse)

❦❦❦❦❦

Début le 5 juillet 1861

7,200 fr. — 8,200 fr. — 9,200 fr. — 12,000 fr.

(On proposait 22,000 pour continuer.)

5 fr. de feux les 2 premières années et 10 fr. les 3 dernières.
1 mois de congé.

Durée 5 ans

1re Direction : DORMEUIL, BENOU, DUPONCHEL

2e Direction : DE BEAUFORT

3e Direction : ALFRED HARMAND

Sorti du Vaudeville le 30 juin 1866

Iʳᵉ ANNÉE

Un Mariage de Paris

Comédie en 3 actes

Rôle de *Daniel Perrin* (5 juillet 1861).   ABOUT et DE NAJAC.

La Frileuse

Comédie en 3 actes

Rôle de *Conrad* (6 septembre 1861).   SCRIBE.

L'Attaché d'Ambassade

Comédie en 3 actes

Rôle du *Comte Prax* (12 octobre 1861).   MEILHAC.

Nos Intimes

Pièce en 4 actes

Rôle de *Maurice* (16 novembre 1861).   SARDOU.

Le vrai Courage

Drame en 2 actes

Rôle de *Georges Monteil* (17 avril 1862).   BELOT et BRAVARD.

Les Plantes Parasites

Comédie en 4 actes

Rôle de *René* (7 mai 1862).   DE BEAUPLAN.

2ᶜ ANNÉE

Un Duel sous Richelieu

Comédie en 3 actes

LOCKROY.

Rôle de *Chalais* (juillet 1862).

❧

Les Ivresses ou la Chanson de l'Amour

Comédie en 4 actes

BARRIÈRE et THIBOUST.

Rôle de *Georges de Limours* (13 octobre 1862).

❧

Le Dernier Couplet

Comédie en 1 acte

A. WOLFF.

Rôle du *Marquis Hector d'Albret* (8 novembre 1862).

❧

Les Brebis de Panurge

Comédie en 1 acte

MEILHAC et HALÉVY.

Rôle de *Jacques Durand* (24 novembre 1862).

❧

La Germaine

Comédie en 3 actes

E. CADOL.

Rôle de *Silvain Langlois* (6 février 1863).

❧

Le Mariage d'Olympe

Drame en 3 actes

E. AUGIER.

Rôle de *Henry de Preygiron* (6 mars 1863).

Un Homme de Rien

Pièce en 4 actes

Rôle de *Shéridan* (25 avril 1863).   AYLIE LANGLÉ.

Les Ressources de Quinola

Drame en 5 actes

Rôle de *Philippe II* (12 octobre 1863).   BALZAC.

3ᵉ ANNÉE

ON M'ENVOIE JOUER A LA « GAITÉ » 110 REPRÉSENTATIONS

La Maison du Baigneur

Drame en 5 actes et 12 tableaux

Rôle de *Bernard* (4 février 1864).   A. MAQUET.

Le Roman d'un Jeune Homme Pauvre

Drame en 5 actes et 7 tableaux

Rôle de *Maxime Odiot* (mai 1864).   O. FEUILLET.

Le Drac

Pièce en 3 actes

G. SAND et PAUL MEURICE.

Rôle de *Bernard* (28 septembre 1864).

La Jeunesse de Mirabeau

Comédie-drame en 4 actes

AYLIE LANGLÉ et R. DESLANDES.

Rôle de *Mirabeau* (11 novembre 1864).

4ᵉ ANNÉE

Béatrix ou la Madone de l'art
Drame en 4 actes

E. LEGOUVÉ.

Avec la Ristori.
Rôle du *Prince Frédéric* (août 1864).

La Belle au Bois Dormant
Comédie-drame en 5 actes et 7 tableaux

OCTAVE FEUILLET.

Rôle de *Georges Morel* (17 février 1865).

Jean qui Rit
Pièce en 4 actes

P. FÉVAL.

Rôle de *Jean Revel* (25 mars 1865)

M. de Saint Bertrand
Pièce en 4 actes

E. FEYDEAU.

Rôle de *M. de Saint-Bertrand* (25 avril 1865).

5ᵉ ANNÉE

Les deux Sœurs
Drame en 3 actes

E. DE GIRARDIN.

Rôle de *Robert* (12 août 1865).

La Famille Benoiton
Comédie en 4 actes

SARDOU.

Rôle de *Didier* (4 novembre 1865).

6

A mon bénéfice

LES INTIMES POUR RIRE

Folie en 1 acte

Avec J. MOINAUX

Récapitulation

Créé 21 rôles, soit . . . .   70 actes
—   . . . .   26 tableaux
Repris 4 rôles. . . . .   20 actes

25 rôles   116 actes

Comédie-Française

DATE DE L'ENGAGEMENT : 1ᵉʳ JUILLET 1866

DÉBUT LE 19 SEPTEMBRE 1866

REÇU SOCIÉTAIRE LE 30 AOUT 1867

OFFICIER DE L'INSTRUCTION PUBLIQUE LE 24 DÉCEMBRE 1885

CHEVALIER DE LA LÉGION D'HONNEUR :
le 29 mars 1887

Administrateur général : ÉDOUARD THIERRY, du 22 octobre 1859 au 15 juillet 1871

—   — ÉMILE PERRIN, du 15 juillet 1871 au 8 octobre 1885

— *provisoire :* KÆMPFEN, du 8 octobre 1885 au 20 octobre 1885

— *général :* CLARETIE, du 20 octobre 1885

AICARD (JEAN)

Smilis, Drame en 4 actes.

Rôle de l'AMIRAL (24 janvier 1884)

AUGIER (ÉMILE)

Le Gendre de M. Poirier, Comédie en 4 actes.

Rôle de MONTMEYRAN (20 juillet 1871)

Un Post-Scriptum, Comédie en 1 acte.

Rôle de LANCY (29 février 1876)

L'Aventurière, Comédie en 4 actes.

Rôle de FABRICE (17 avril 1880)

Les Effrontés, Comédie en 5 actes.

Rôle de VERNOUILLET (7 mars 1883)

DE BALZAC

Mercadet, Comédie en 3 actes.

Rôle de DE LA BRÈVE (22 octobre 1868)

BECQUE (HENRY)

Les Corbeaux, Comédie en 5 actes.

Rôle du NOTAIRE BOURDON (14 septembre 1882)

CADOL (ÉDOUARD)

La Grand'Maman, Comédie en 5 actes.

Rôle de de BRIAC (17 mai 1875)

COURCY (Charles de)

Une Conversion,   Comédie en 1 acte.
Rôle de Raoul de Briche (29 décembre 1890)

DECOURCELLE (Adrien)

Marcel,   Drame en 1 acte (tiré de Sandeau)
Rôle de Gaston (18 mai 1872)

DELAVIGNE (Casimir)

Don Juan d'Autriche,   Drame en 5 actes.
Rôle de Philippe II, premier début (19 septembre 1866)

DESLANDES (Raymond)

Antoinette Rigaud,   Drame en 3 actes.
Rôle du Général   (septembre 1885)

DUMAS (père)

Mlle de Belle-Isle,   Comédie en 5 actes.
Rôle de Daubigny (3 mai 1867)
—   Richelieu (29 mai 1888)

Henri III et sa Cour,   Drame en 5 actes.
Rôle du Duc de Guise (5 janvier 1889)

DUMAS (fils)

Le Demi-Monde,   Comédie en 5 actes.
Rôle de de Nanjac (29 octobre 1874)
—   Olivier de Jalin (31 mars 1890)

L'Étrangère,   Comédie-Drame en 5 actes.
Rôle de CLARKSON (14 février 1876)

Le Fils Naturel,   Comédie en 5 actes.
Rôle de CH. STERNAY (2 décembre 1878)

La Princesse de Bagdad,   Pièce en 3 actes.
Rôle du Cte JEAN DE HUN (31 janvier 1881)

Francillon,   Comédie en 3 actes.
Rôle de LUCIEN (17 janvier 1887)

ERCKMANN-CHATRIAN

L'Ami Fritz,   Comédie en 3 actes.
Rôle de FRITZ KOBUS (4 décembre 1876)

FEUILLET (OCTAVE)

Julie   Drame en 3 actes.
Rôle de TURGY (4 mai 1869)
—   CAMBRE (20 avril 1875)

Dalila,   Drame en 5 actes et 6 tableaux.
Rôle de ANDRÉ ROSWEN (28 mars 1870)

L'Acrobate,   Comédie en 1 acte.
Rôle de GASTON (18 avril 1873)

Péril en la Demeure,   Comédie en 2 actes.
Rôle de LA ROSERAIE (13 janvier 1874)

Un Cas de Conscience,   Comédie en 1 acte.
Rôle de MORIÈRE (17 avril 1877)

Le Sphinx,   Drame en 4 actes.
Rôle de LORD ASTLEY (24 octobre 1878)

Chamilhac,   Comédie en 5 actes.
Rôle du GÉNÉRAL (9 avril 1886)

FOURNIER (Édouard)

La Valise de Molière,   Comédie en 1 acte.
Rôle de MOLIÈRE (15 janvier 1868)

GONDINET (Edmond)

Christiane,   Drame en 4 actes.
Rôle de MAUBRAY (20 décembre 1871)

HALÉVY et MEILHAC

Les Brebis de Panurge,   Comédie en 1 acte.
Rôle de JACQUES DURAND (30 septembre 1888)

HUGO (Victor)

Marion Delorme,   Drame en 5 actes.
Rôle de LAFFEMAS (10 février 1873)

Ruy Blas,   Drame en 5 actes.
Rôle de DON SALUSTE (4 avril 1879)

Le Roi s'amuse,   Drame en 5 actes.
Rôle de SALTABADIL (22 novembre 1882)

LEGOUVÉ (Ernest)

A deux de Jeu,   Comédie en 1 acte.
Rôle d'OCTAVE DE NÉRIS (6 mars 1868)

Anne de Kerviller,   Drame en 1 acte.
Rôle du COMTE (27 novembre 1879)

LEMAITRE (JULES)

Mariage Blanc,   Comédie en 3 actes.
Rôle de JACQUES DE TIEVRE (20 mars 1891)

⋄◊⋄

MEILHAC (seul)

Margot,   Comédie en 3 actes.
Rôle de BOISVILETTE (18 janvier 1890)

⋄◊⋄

MEILHAC ET GANDERAX

Pépa,   Comédie en 3 actes.
Rôle de DE CHAMBRUN (31 décembre 1888)

⋄◊⋄

MUSSET (ALFRED DE)

Le Chandelier,   Comédie en 3 actes et 4 tableaux.
Rôle de CLAVAROCHE (12 août 1872)

Un Caprice,   Comédie en 1 acte.
Rôle de CHAVIGNY (11 avril 1876)

⋄◊⋄

PAILLERON (ÉDOUARD)

Hélène,   Comédie en 3 actes.
Rôle du Cte PAUL (14 novembre 1872)

L'Autre Motif,   Comédie en 1 acte.
Rôle de GEORGES DE PIENNE (29 février 1872)

Petite Pluie,   Comédie en 1 acte.
Rôle de LOUIS DE NOHANT (4 décembre 1877)

PONSARD

Le Lion Amoureux,   Drame en 5 actes, en vers.
Rôle de CH. DE VEAUGRIS (18 mars 1870)

◦◦⟡◦◦

RENAN (LÉON)

1807,   A propos en 1 acte.
Rôle de DIDEROT (26 février 1886)

◦◦⟡◦◦

RIVIÈRE (COMMANDANT)

La Parvenue,   Comédie en 4 actes.
Rôle de RAOUL DE LÉVIS (30 août 1869)

◦◦⟡◦◦

RICHARD (GEORGES)

Les Enfants,   Drame en 3 actes.
Rôle de BOISLAURIER (20 septembre 1872)

◦◦⟡◦◦

SCRIBE (EUGÈNE)

Par Droit de Conquête,   Comédie en 3 actes.
Rôle de BERNARD (2e début, 14 novembre 1866)

Bataille de Dames,   Comédie en 3 actes.
Rôle de HENRY DE FLAVIGNEUL (13 mars 1867)

Une Chaîne,   Comédie en 5 actes.
Rôles d'EMMERIE (27 juin 1868) et de SAINT-GÉRAN (8 sept. 1874)

7

SANDEAU (Jules)

Mlle de la Seiglière,   Comédie en 4 actes.
Rôle de Bernard Stanply (15 décembre 1866)

※

SARDOU (Victorien)

Daniel Rochat,   Drame en 4 actes.
Rôle de Fargis (16 février 1880)

Les Pattes de Mouche,   Comédie en 3 actes.
Rôle de Vanhove (21 octobre 1884)

※

SECOND (Albéric) et BLERZY

Un Baiser Anonyme,   Comédie en 1 acte.
Rôle d'Henry (6 mars 1868)

※

THEURIET (André) et MORAND

Raymonde,   Drame en 3 actes.
Rôle du Père Noel (28 mars 1887)

※※※

LONDRES
PENDANT LA COMMUNE 1871

L'Honneur et l'Argent,   Comédie en 5 actes.
                                                    PONSARD.
Rôle d'*Un Créancier.*

Les Caprices de Marianne,   Comédie en 2 actes.
                                                    A. DE MUSSET.
Rôle de *l'Hôtelier.*

L'Avare,   Comédie en 5 actes.
                                                    MOLIÈRE.
Rôle de *Brindavoine.*

Un Caprice,   Comédie en 2 actes.
                                                    A. DE MUSSET.
Rôle d'*un Domestique.*

Fourberies de Scapin,   Comédie en 3 actes.
                                                    MOLIÈRE.
Rôle de *Léandre.*

Le Misanthrope,   Comédie en 5 actes.
                                                    MOLIÈRE.
Rôle de *Clitandre.*

Tartuffe   Comédie en 5 actes.
                                                    MOLIÈRE.
Rôle de *Damis.*

Le Mariage de Figaro,   Comédie en 5 actes.
                                                    BEAUMARCHAIS.
Rôle de *Grippe-Soleil.*

RÉPERTOIRE CLASSIQUE

MOLIÈRE

Les Fourberies de Scapin,   Comédie en 3 actes.
Rôle de LÉANDRE (23 mars 1867)

Le Misanthrope,   Comédie en 5 actes.
Rôles de ACASTE et de CLITANDRE (23 mars 1867)

Les Femmes Savantes,   Comédie en 5 actes.
Rôle de CLITANDRE (29 juin 1867)

Tartuffe,   Comédie en 5 actes, en vers.
Rôle de VALÈRE (29 septembre 1867)
— TARTUFFE (16 octobre 1871)

M. de Pourceaugnac,   Comédie en 3 actes.
Rôle du 1er SUISSE (à la représentation de retraite de Bressant)

BEAUMARCHAIS

Le Barbier de Séville,   Comédie en 4 actes.
Rôle d'ALMAVIVA (18 juillet 1877)

MARIVAUX

Les Jeux de l'Amour et du Hasard, Comédie en 3 actes.
Rôle de DORANTE (4 décembre 1867)

Les Fausses Confidences,   Comédie en 3 actes.
Rôle de DORANTE (12 mars 1869)

Récapitulation

—

Créé 30 Piéces nouvelles. . .	30 rôles	82 actes
Repris 28 pièces modernes. .	28 —	107 —
Joué 10 pièces répertoire. . .	10 —	46 —
Londres, Commune.	8 —	32 —
		10 tableaux

76 rôles   277 actes

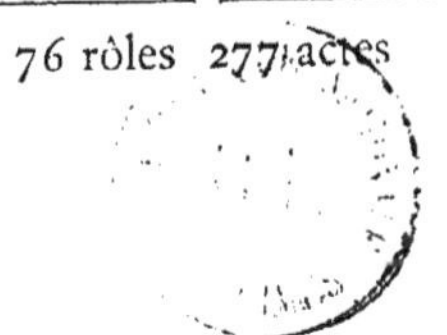

RÉCAPITULATION GÉNÉRALE

Engagé dans 11 théâtres

Montparnasse, Grenelle, Montmartre, Le Havre, Ambigu
Beaumarchais, Porte-Saint-Martin
Gaité, Odéon, Vaudeville, Comédie-Française

23 DIRECTEURS

THÉATRES	ROLES CRÉÉS	ROLES REPRIS	ACTES	TABLEAUX
AMBIGU.	8	1	41	27
BEAUMARCHAIS	12	1	48	6
PORTE-SAINT-MARTIN. . .	4	8	38	42
GAITÉ	6	9	69	31
ODÉON.	17	15	109	6
VAUDEVILLE	21	4	90	26
COMÉDIE-FRANÇAISE . . .	30	28	267	10
RÉPERTOIRE ET LONDRES.		18		
	98	84	662	148

Rôles créés, 98 ; Rôles repris, 84. — Actes joués, 662 ; Tableaux, 148.
Auteurs interprétés, 94.

Paris. — Imp. Alcide Picard et Kaan. — 591